AF267766

LA
CRISE SOCIALE

OU

ÉTUDES

SUR LES

VÉRITABLES CAUSES DE NOS MALHEURS

PAR

UN VENDÉEN

« Tout royaume divisé contre lui-même sera détruit. »
(S. Luc, c. xi, v. 17.)

NANTES

VINCENT FOREST ET ÉMILE GRIMAUD

IMPRIMEURS-ÉDITEURS

4, place du Commerce

—

Avril 1871

LA CRISE SOCIALE

—

1871

LA
CRISE SOCIALE

OU

ÉTUDES

SUR LES

VÉRITABLES CAUSES DE NOS MALHEURS

PAR

UN VENDÉEN

> « Tout royaume divisé contre
> lui-même sera détruit. »
> (S. Luc, c. XI, v. 17.)

NANTES

VINCENT FOREST ET ÉMILE GRIMAUD

IMPRIMEURS-ÉDITEURS

4, place du Commerce

—

Avril 1871

AVANT-PROPOS

Les luttes de partis, auxquelles nous assistons depuis plusieurs années, causent le grand mal de la société française, le mal qui la mine à sa base et menace de la détruire.

Unis dans le même patriotisme, nous serions invincibles ; divisés contre nous-mêmes, nous courons à un abîme inévitable. Quand nous dépensons nos forces en guerres intestines, quelle résistance pourrions-nous opposer aux attaques de l'étranger, et comment pourrions-nous travailler à la grandeur et à la prospérité de notre patrie ?

Or, pendant que tous les esprits sont en fermentation, il est utile de jeter un regard sur la France, d'étudier avec calme sa vie politique et religieuse, et de chercher sans idées préconçues quelles sont les véritables causes de nos malheurs.

Tel est le but que s'est proposé l'auteur de ce petit opuscule.

Profondément touché des maux de son pays, alarmé pour l'avenir de la France, il s'est demandé pourquoi toutes ces guerres, tous ces deuils, toutes ces tristesses ? Il est remonté à la source de nos divisions ; guidé par son patriotisme, il s'est mis en dehors de tout parti, et à la lumière de la raison et de la foi, il a pénétré au plus intime de la société française.

Au-dessus de tous les événements, il a vu la main de Dieu qui nous frappe, parce que nous avons oublié nos nobles destinées, méconnu le principe de l'autorité véritable, et laissé la flamme du dévouement s'éteindre en notre cœur.

Il a voulu s'adresser aux esprits sérieux, et il s'estimera heureux s'il a pu réussir à éclairer un frère égaré, à sécher une larme ou à guérir une blessure.

Il ose l'espérer après cet éloge d'un ami intelligent et dévoué, (éloge qui sera la plus belle recommandation de ce faible travail) : ,

« Je viens de lire avec infiniment de plaisir l'épreuve que vous avez bien voulu me communiquer. Je ne vois rien à ajouter ni à retrancher. La forme est bonne et les idées excellentes ; elles s'enchaînent bien et prouvent que l'auteur connaît l'histoire morale et politique de notre malheureux pays. Cette brochure, j'en suis convaincu, sera goûtée du bon public. (1) »

(1) Lettre de M. O. de R. à l'auteur.

LA CRISE SOCIALE

I

La France d'autrefois.

Un sentiment de profonde tristesse s'empare de l'âme, quand on jette un regard sur notre infortunée patrie. Elle, naguère encore si fière, si triomphante, n'est plus qu'un vaste amas de ruines, et à ses chants joyeux ont succédé des cris de deuil. Ses enfants, humiliés, abattus sous les coups de l'ennemi, se relèvent pour s'égorger entre eux, et dépensent en luttes sanglantes un temps qu'ils devraient consacrer à guérir leurs blessures.

Et pourtant, si nous étudions l'histoire des siècles passés, où trouvons-nous une nation comparable à la France? Quels soldats ont remporté des victoires plus éclatantes? Quelle terre a jamais été plus fertile en héros?

La religion était-elle attaquée, le droit méconnu, la faiblesse opprimée? Aussitôt nos pères ceignaient leur vaillante épée, se couvraient de leur cuirasse, et marchaient à l'ennemi.

Que n'ont-ils pas fait pour repousser les flots de la barbarie, pour opposer une digue infranchissable aux armées nombreuses qui venaient s'abattre sur eux et menacer leur liberté?

Pendant que les sciences et les lettres, bannies du monde, trouvaient un asile à l'ombre du cloître, la France guerrière se levait, tantôt pour étendre le règne de la civilisation, tantôt pour défendre son territoire ou agrandir ses conquêtes.

Elle aimait le sacrifice et, pour les grandes causes, elle versait son sang le plus pur. Aussi, de temps en temps, elle a frappé de ces coups qui ont retenti à travers les siècles et, par ses victoires, elle s'est acquis un nom immortel parmi les nations.

Son caractère noble et généreux nous a toujours concilié beaucoup d'amis, mais sa puissance et sa prospérité nous ont suscité grand nombre d'ennemis. Ses amis, elle les a défendus avec un dévouement sans bornes; ses ennemis, elle les a domptés par la force de son glaive.

L'Allemand perfide et haineux veut-il l'éteindre à son berceau? elle trouve son salut dans la croix, et les noms de Clovis et de Tolbiac nous rappelleront à jamais la France sauvée et la France convertie.

Le barbare musulman vient-il fondre sur notre patrie, pour la réduire en esclavage? il est arrêté dans les champs de Poitiers et succombe sous les coups de Charles Martel, comme au cinquième siècle les hordes d'Attila avaient trouvé leur tombeau dans les plaines de Châlons. (¹)

(¹) N'est-ce pas l'épée des Francs qui, sous Charlemagne, consolide le triomphe et assure la liberté du monde catholique?...

Si la France, à son origine, nous apparaît belle de courage et d'héroïsme, que sera-t-elle à l'âge viril, à cette époque de la vie où les nations comme les individus sont mûries par la réflexion et l'expérience? Oh! alors nous la voyons à l'apogée de la gloire. Dans la paix, elle travaille avec sollicitude au bonheur de ses enfants; dans les circonstances solennelles, elle est prise pour arbitre et règle les destinées de l'Europe.

Si parfois elle est menacée dans son existence, si la Providence lui ménage des épreuves et permet que ses soldats soient vaincus, toujours elle se relève et répare ses ruines. Qui ne se rappelle les célèbres journées de Bouvines et de Fontenoy? Nos ennemis ne les ont pas oubliées.

Oui, la France a porté bien loin son drapeau triomphant; elle a porté plus loin l'étendard de la croix. Au-dessus de la gloire achetée par tant de sacrifices, elle en possède une autre, et plus pure et plus éclatante. Depuis le jour de son baptême elle garde empreint sur son noble front le signe

du chrétien, et seule elle mérite le titre de
« *Fille aînée de l'Eglise.* » (¹)

Avant les ravages de la révolution, dans
les siècles de foi et de patriotisme, les Français ne connaissaient que cette devise:
Dieu et Patrie! Appuyés d'une main sur
l'autel, de l'autre sur le trône, ils marchaient, d'un pas sûr, à la conquête de la
civilisation, sans oublier leurs destinées
éternelles. Ainsi savaient-ils unir la vie
présente à la vie future, l'ordre naturel à
l'ordre surnaturel, la terre au ciel, l'homme
à Dieu.

Sans doute, la France d'autrefois éprou-
vait des commotions violentes. Elle avait
ses faiblesses et ses souffrances, ses divisions et ses luttes. On a vu, par exemple,
dans la guerre de Cent ans et dans les
guerres de religion, notre sol envahi et ra-
vagé, nos villes prises et pillées. Mais la

______

(¹) Au VIIIᵉ siècle, un Pontife romain rendait à
notre pays ce glorieux témoignage: « Votre nation est
élevée au-dessus des autres nations, et le royaume des
Francs brille d'un vif éclat aux yeux de Dieu, parce
que ses rois ont délivré l'Eglise catholique et apostoli-
que. » (Lettre du pape saint Paul à Pépin.)

France alors restait fidèle à Dieu et au roi. Dieu suscitait des héros, des héroïnes pour nous sauver ; le roi nous gardait des horreurs de la guerre civile, et nos pères, unis dans le même amour de la patrie, confondus dans le même dévoûment, combattaient ensemble et mouraient pour la même cause....

En un mot, la société française, telle que l'étude approfondie de l'histoire nous la montre avant les scènes sanglantes de la grande révolution, la société française, attachée à son Dieu et à son roi, avait des crises douloureuses, des dissensions intestines et des périodes obscures ; sans être déshonorée, elle a subi des échecs, qui, plus d'une fois, l'ont mise à deux doigts de sa perte ; elle n'a pas toujours été victorieuse, bien qu'elle ait mieux porté l'épée qu'aucune autre nation ; elle n'avait pas non plus les brillantes découvertes dont nous sommes fiers à juste titre, et son progrès matériel n'était peut-être pas à la hauteur de son progrès moral.

Mais elle restait ferme sur sa base, parce qu'elle était assise sur des principes inébranlables. Elle représentait un édifice solide dont les fondements étaient l'autel et le trône, et le sommet le ciel. Elle formait une société qui, *dans sa fin, dans son autorité et dans ses membres*, possédait *l'unité*, qualité indispensable pour la vie des peuples, comme l'union de l'âme et du corps sont nécessaires à la vie de l'homme.

Voyons si, de nos jours, la France est restée fidèle à ses anciennes traditions.

II

La France d'aujourd'hui.

———

Parmi les écrivains qui ont loué ou blâmé le progrès et les institutions du xixe siècle, les uns ont montré trop de sévérité, les autres, éblouis par de vaines apparences, n'ont eu que des éloges, même pour les honteuses faiblesses du pouvoir déchu. Pour être dans le vrai, il faut se tenir dans un juste milieu.

Notre époque non plus n'a pas été sans gloire, et de nos jours aussi la France a exécuté de grandes choses. Parmi ses enfants elle a compté des hommes dévoués des guerriers célèbres, des savants illustres. Elle a porté sur les plages lointaines les produits de ses arts et de son industrie ; par ses découvertes étonnantes, elle a donné une forte impulsion à la civilisation moderne.

La France s'est montrée grande et généreuse et, comme aux plus beaux jours de son histoire, elle a su captiver l'admiration du monde.

Nous, ses enfants, nous l'aimons toujours, trop peut-être pour apercevoir ses défauts et la croire sur le bord d'un précipice et à la veille de sa ruine.

Et cependant elle traverse une crise mortelle, et des symptômes alarmants nous font craindre pour sa vie.

Depuis longtemps déjà un sourd murmure se faisait entendre au sein de la société, et des signes, avant-coureurs de l'orage, avaient jeté l'inquiétude dans nos âmes.

Quel affreux spectacle tout à coup! le sol de la France est envahi, le sang coule à grands flots; nos campagnes sont dévastées et nos armées vaincues. Que de familles en deuil, que de fortunes ruinées, que de projets détruits, que de positions brisées! L'histoire nous offre-t-elle l'exemple d'un pareil désastre? Un vainqueur a-t-il jamais imposé des conditions plus lourdes, et traité un peuple malheureux avec autant de cruauté?

A tous les maux de l'invasion étrangère viennent se joindre les horreurs de la guerre civile. L'ennemi est encore aux portes de la capitale et, au lieu de travailler à la délivrance de la patrie, on fait entendre de nouveaux cris de guerre, on se jette l'injure et le défi, on donne la liberté aux repris de justice pour entasser dans les prisons les représentants de l'ordre et du devoir.

L'ennemi triomphe, et nous donnons à l'*Europe indifférente* le spectacle d'une nation qui s'égorge et creuse elle-même un tombeau pour s'y précipiter.

A cette vue les cœurs épris d'un vrai patriotisme se remplissent de tristesse, et les esprits sérieux se demandent qui nous a conduits à cet abîme.

Comment la France, malgré l'expérience du passé, est-elle aujourd'hui le théâtre des scènes de 93? Elle réclame la liberté; sans cesse, elle appelle nos ancêtres des troupeaux d'esclavesqui courbaient la tête sous la main d'un despote, et depuis vingt ans elle a subi le joug le plus odieux, la tyrannie la plus perfide. Elle demande la paix, elle veut même abolir la peine de mort et l'effacer de son code criminel, et chaque jour des milliers de victimes tombent sur son sein meurtri et ensanglanté. Elle prétend tarir la source de la charité, et le paupérisme, avec le cortége de tous les maux, règne dans nos grandes cités.

Notre siècle s'est appelé le siècle des lumières, le siëcle par excellence. En effet, à la surface il a brillé d'un vif éclat ; il a étalé aux yeux du monde toutes ses richesses, toutes ses jouissances et aussi tous ses scandales. Mais percez ces dehors trompeurs, pénétrez plus avant, et vous verrez que cette grandeur est éphémère, cette civilisation et ce progrès incomplets.

Pour comprendre un tel mélange de bien et de mal, recourons à une comparaison. Comme les hommes, les sociétés naissent, grandissent et meurent : l'Eglise seule est immortelle, parce qu'elle a pour fondateur et pour soutien le Christ, Fils du Dieu vivant.

Or, dans le cours de son existence, l'homme doit couler des jours heureux et malheureux. Il a ses épreuves et ses joies, ses vertus et ses vices ; il accomplit des actes de courage et se laisse entraîner à de coupables faiblesses. Souvent, après avoir appris au foyer paternel les principes sur lesquels reposent la religion, la famille et la société, il s'égare, oublie pour un moment sa première éducation et se livre aux enivrements de son cœur. Mais bientôt se lèvent les jours de l'épreuve, comme il en est tant dans la vie : Dieu le frappe et le rappelle à lui par la voie des larmes et de la souffrance. Alors il rentre en lui-même, il réfléchit à la paix, au bonheur de ses jeunes années et revient au Dieu qu'il avait abandonné. Quelquefois il s'irrite au contact de la douleur, blasphème quand il devrait prier, et se livre à la haine et au désespoir.

Ainsi la société française est sortie de la voie où elle a marché pendant plusieurs siècles ; elle a foulé aux pieds les institutions qui ont assuré son existence et sa force ; elle s'est jetée dans les bras de la révolution, et depuis longtemps elle veut

subsister sans les éléments indispensables à
la vie des peuples.

S'instruira-t-elle à l'école du malheur ?
Reviendra-t-elle à des idées plus sérieuses
et verra-t-elle encore se lever des jours de
gloire et de prospérité ? Ou plutôt l'*antique
et vaillante* nation de l'Europe touche-t-elle
à son déclin, et devons-nous entendre sonner
sa dernière heure ?

Oh ! espérons que la Providence a pour
nous encore des desseins de miséricorde.
Espérons qu'elle nous châtie pour nous
guérir, et que bientôt nous verrons finir
les maux dont nous sommes accablés.

Et que faudrait-il pour assurer le salut
et la grandeur de la France ? Deux choses :
*emprunter à nos pères leur stabilité et leur
force ; garder le progrès véritable et les
lumières de notre époque ;* tendre la main
au passé, sans abdiquer tout le présent ;
choisir dans le cours de notre longue existence ce qui peut assurer la vie, la tranquil-
lité, l'honneur de notre pays.

Avant d'arriver à un but si désiré, si im-
patiemment attendu, que de chemin nous
avons à faire ! Car, avouons-le en tremblant,

les causes de dissolution sont nombreuses au sein de notre société, et quand nous sondons nos blessures nous sommes effrayés de les voir si graves et si profondes.

III

Aperçu général sur les causes de nos malheurs.

———

Après l'exposé rapide que nous venons de faire, il ne sera pas sans intérêt, ni sans utilité, d'entreprendre l'étude sérieuse et approfondie de l'état actuel de notre société. Abordons avec courage un sujet si difficile, et, guidés par les lumières de la foi et de la raison, cherchons quelles sont les véritables causes de nos malheurs : remontons à la source du torrent qui nous déborde, et tàchons d'attaquer le mal à sa racine.

Chose étonnante pour qui ne connaît pa le cœur humain ! nous sommes tous plus ou moins coupables ; nous avons tous porté à notre commune mère des coups plus ou moins meurtriers; tous nous lui avons fait des blessures plus ou moins aiguës. Et pourtant, personne ne veut avouer ses torts, et tous nous prétendons travailler au salut de la patrie. Les hommes d'opinions diverses s'accusent les uns les autres ; les partis se déchirent et se prodiguent l'injure ; il n'est pas de mensonge qu'on n'ait inventé tour à tour et contre le clergé, et contre la noblesse, et contre les partisans de l'ordre, pour les rendre responsables de nos maux, et leur attribuer nos divisions actuelles.

Hier encore, n'avons-nous pas entendu prononcer ces paroles : « La Commune de » Paris est l'œuvre des prêtres et des lé- » gitimistes. » Et certainement ! La preuve c'est que la Commune pille les églises, incarcère les prêtres, prêche l'assassinat des princes et renouvelle les odieuses tyrannies de la Convention !

Pendant que ces calomnies circulent dans le peuple et l'excitent à la haine et à la révolte, des hommes plus autorisés voient la cause de nos désastres dans les vingt ans de servitude que nous venons de subir. L'empire nous avait endormis dans une fausse sécurité, et il a fallu le bruit du canon pour nous réveiller de notre sommeil.

L'empire avait amolli, corrompu, dégradé la France; il avait prodigué les jouissances matérielles ; et, sous l'étalage du luxe, il avait étouffé les vertus qui font le vrai citoyen.

L'empire avait excité la convoitise dans tous les degrés de l'échelle sociale, et créé des désirs, des appétits insatiables.

Sous l'empire régnait l'impunité du vice.

Sous l'empire la France était tombée dans le désordre que Bossuet reprochait à son siècle : « La nature est sobre et se con- » tente de peu; mais la cupidité est venue » qui ne s'est plus voulu contenter du né- » cessaire ; par les degrés du commode, » du plaisant, du bienséant, elle est montée » au délicieux, au mou, au superflu, au » somptueux (¹). » Au contraire, la morale est abaissée ; l'énergie a disparu ; le joug salutaire de la religion a été secoué, et l'on s'est livré sans frein aux caprices de ses passions.

Alors s'est réalisée cette pensée de saint Augustin : « L'homme, sociable par sa na-

(¹) Bossuet, *Pensées chrétiennes et morales*.

» ture, devient intraitable et insociable par la corruption ([1]). »

A cette cause générale s'en joint une autre, qui ne peut échapper à personne : c'est l'esprit de légèreté et de suffisance qui domine parmi nous. Oui, le Français est léger ; léger dans les questions religieuses, léger dans son éducation, léger dans sa conduite, léger dans ses affections, léger partout, léger toujours.

Jamais il ne doute de rien. Fier de sa raison et de ses connaissances, il ne veut écouter personne, pas même ceux qui ont reçu du ciel le droit et le devoir de l'enseigner.

Et ne l'avons-nous pas vu entreprendre avec une poignée d'hommes la conquête d'un pays défendu par plus d'un million de soldats aguerris ?

Il est vrai, et nous aimons à le répéter, de nombreuses exceptions se rencontrent à chaque pas sur notre sol, toujours riche et fertile.

Les âmes intelligentes, les cœurs dévoués ne sont pas rares. Mais il existait dans le gouvernement déchu un système de con-

([1]) S. Augustin, *Livre de la cité de Dieu.*

centration qui paralysait l'initiative privée, et empêchait les citoyens de concourir dans la mesure de leurs forces au salut du pays.

C'était là encore une des causes de nos malheurs.

Si nous ajoutons ce prodigieux aveuglement dont nous étions frappés, cette trompeuse sécurité qui nous empêchait de voir le péril, cet esprit de vertige qui nous avait saisis malgré nous, et nous entraînait à une catastrophe inévitable ; si nous ajoutons les incertitudes, les hésitations, les craintes de ceux qui voyaient le parti du désordre menacer d'étendre sur la France le régime de la terreur ; si nous ajoutons cette perversité du sens commun qui s'est manifestée même dans l'usage des mots les plus usuels, au point de confondre souvent l'ordre avec le désordre, la liberté avec la licence, la propriété avec le vol, l'obéissance avec l'insubordination; si nous ajoutons la fébrile activité des méchants et la coupable faiblesse des bons; si nous ajoutons surtout l'oubli de Dieu et le mépris des choses saintes, nous aurons une idée des causes auxquelles nous devons attribuer nos revers et nos épreuves. Plusieurs les ont aperçues et ont indiqué les moyens d'y apporter remède.

Au lieu d'examiner seulement la surface de l'édifice social, si nous pénétrons à l'intérieur pour en étudier les moindres détails, nous découvrirons d'autres causes d'affaissement et de ruine.

Il n'est pas sans exemple de rencontrer dans les sociétés anciennes et modernes les écueils signalés plus haut. Bien plus, à certaines époques de notre histoire, nous remarquons aussi des divisions et des haines.

Mais depuis 89, et surtout de nos jours, le mal est plus profond et plus mortel. La société française, comme nous allons le voir, est attaquée dans sa vie intime. L'ennemi s'efforce de la saper à sa base, afin de la renverser et de la détruire à jamais.

Non, ce n'est plus ici une lutte de partis ou de castes, ce n'est plus la révolte d'un certain nombre de sujets contre le souverain; c'est le duel suprême, dans lequel la France doit trouver ou la vie ou la mort.

IV

Les causes particulières de nos malheurs,

———

La société répond aux exigences les plus impérieuses de la nature humaine. Abandonné à lui-même, seul, isolé dans ce vaste univers, délaissé de ses semblables et réduit à ses propres forces, l'homme ne pourrait trouver la nourriture indispensable et à son corps et à son âme.

Il ne pourrait jouir du véritable bonheur.

C'est pourquoi il cherche autour de lui des amis et des frères; il entre avec eux en communion de pensées, de désirs, d'affections; ses intérêts deviennent leurs intérêts, et, *dans une certaine mesure,* ses biens se confondent avec leurs biens !

Dans les communs dangers, ils se lèvent ensemble et unissent leurs forces pour se prêter un mutuel appui. Ils combattent ensemble, triomphent ensemble ou meurent côte à côte sur le champ de bataille.

Ils poursuivent le même but dans la vie présente, et partagent pour la vie future les mêmes espérances.

« Vous êtes frères, dit le Seigneur, et » vous avez un seul père qui est dans les » cieux ([1]). »

Tel est l'idéal de cette institution admirable que nous appelons la société, et qu'Aristote définit : « Une communauté » pour vivre heureux. » C'est un présent tombé du ciel; mais, comme tous les dons de Dieu, il n'est pas apprécié des hommes et un grand nombre le rejettent.

Au siècle dernier, un philosophe célèbre ([2]) n'a pas craint de lancer cette injure à la face du monde : « L'homme naît bon » et la société le déprave. »

Non, la société ne déprave pas l'homme, c'est l'homme qui déprave la société et s'efforce de la détruire, en renversant les principes sur lesquels elle repose.

[1] S. Matthieu, ch. XXIII, v. 8.
[2] Jean-Jacques Rousseau.

Ces principes sont au nombre de trois :

La société, pour être stable, doit tendre à la même fin ;

La société, pour être à l'abri des secousses et des révolutions, doit être gouvernée par une autorité unique et légitime ;

La société, pour être prospère et heureuse, doit se composer de membres qui s'aiment et s'entr'aident comme des frères.

En un mot, elle doit être *une dans sa fin, une dans son gouvernement, une dans ses membres.*

Ainsi parle la raison, ainsi parle la foi.

Ah ! le beau spectacle que celui d'un grand peuple uni par ces liens étroits et indissolubles !

Travailler tous de concert à la grandeur, à la prospérité de sa patrie, l'aimer comme une mère et la défendre jusqu'à la dernière goutte de son sang ; voir en elle la sauvegarde de nos intérêts les plus chers, la gardienne de notre honneur et de notre vie la protectrice de nos droits et le soutien de notre faiblesse ; trouver en elle richesses, paix, félicité, et par elle tendre à un but plus sublime, à Dieu lui-même, car ,

« les hommes n'ont qu'une même fin et
» un même objet qui est Dieu (¹); » regar-
der la société comme un moyen d'accom-
plir nos destinées et dans ce monde et dans
l'autre, voilà la fin que toute nation, et surtout la nation française doit se proposer.

Et puisque l'autorité est nécessaire pour
maintenir les hommes dans le devoir et
imprimer dans les esprits le respect de la
loi ; puisque sans gouvernement toute société devient la proie de l'anarchie et tombe
en dissolution, une seconde qualité est indispensable pour l'union et la force d'un
peuple, c'est l'autorité, et l'autorité assise
sur des bases solides.

Mais tout n'est pas là; il faut plus qu'une
puissance humaine pour assurer l'ordre
social.

Et, en effet, parmi ces millions de sujets
qui composent la société, combien diffèrent
et par la position, et par la fortune, et par
les mœurs, et par le caractère, et par l'éducation! Que d'intérêts à sauvegarder! que
de haines à éteindre! que de partis à con-
cilier!

Oui, disons-le sans craindre un désaveu,

(¹) Bossuet, *Politique tirée de l'Ecriture.*

ici est la grande difficulté, ici est l'écueil contre lequel les nations viennent se briser.

Que faut-il donc pour cimenter l'union entre des éléments si divers? Il faut le patriotisme, l'amour de son pays et de ses frères.

Qui fit de Rome la reine des nations? Qui poussa ses guerriers à la conquête du monde, et maintint ses sujets sous le joug de l'obéissance? C'est le patriotisme.

Qui suscita parmi nos pères tant de bravoure et de dévouement? Qui les arracha aux douceurs de la famille, et les jeta au milieu des hasards de la guerre? C'est le patriotisme.

Quand les hommes mettent le bien public avant leur avantage personnel, quand ils aiment leur patrie, ils évitent tout ce qui pourrait nuire à son bonheur et porter atteinte à sa gloire. Ils méprisent les froids calculs de l'ambition, et renoncent aux vaines satisfactions de l'orgueil; ils foulent aux pieds les désirs de vengeance, et s'efforcent d'étouffer les moindres germes de discorde.

Pour eux, après Dieu, la patrie; après l'Eglise, la France.

Répétons-le, qu'elle est belle, la société ainsi conçue !

Hélas ! telle n'est pas celle dont nous faisons partie. Elle méconnaît ses véritables destinées ; au respect de l'autorité elle substitue l'anarchie, au dévouement la haine et l'égoïsme.

Le règne de Dieu est remplacé par le règne de la matière ; le souverain légitime est exilé, et le trône devient le prix de l'intrigue et de la trahison. Nous voulons la fraternité, et nous avons cessé de nous aimer.

Aussi, quel affaissement général dans tous les degrés de la société ! Quelles menaces de dissolution et de mort !

Il y a peu de jours, un orateur l'avouait en pleine assemblée, nous sommes bien malades, plus malades que jamais, et les doctrines professées, aujourd'hui, sont incomparablement plus dangereuses et plus funestes que celles qui ont surgi en 1848 ([1]).

Nous allons nous en convaincre en étudiant chacune des causes particulières que nous venons d'assigner à nos malheurs.

([1]) M. Dufaure, séance du 14 avril 1871.

V

La France a oublié ses destinées

—

———

Autrefois les peuples d'Orient appelaient la France « la nation de l'Europe, » et la religion catholique « la religion de la France. »

Nous avons vu (¹), en effet, comment la France pendant plusieurs siècles a dominé l'Europe par son prestige et sa puissance; nous avons admiré par quels sacrifices elle s'est affranchie de la servitude et avec quel dévouement elle a porté dans le monde le flambeau de la foi et les lumières de la civilisation.

(¹) Voir le 1ᵉʳ chapitre : *La France d'autrefois.*

Aujourd'hui elle a renoncé à sa mission,
rompu avec son passé et brisé son antique
devise: « Gesta Dei per Francos. » (¹)

A l'origine, « le christianisme, maître de
ses convictions, trouva de longues résis-
tances dans ses mœurs ; mais il devint le
principe de son droit public » (²). Souvent
les lois de l'Eglise étaient acceptées comme
lois de l'Etat, et nos pères se faisaient un
devoir et un honneur de prêter au Souverain-Pontife le secours de leur épée.

Sans remonter si haut, n'avons-nous pas
vu, en 1850, le bien-aimé Pie IX sortir de
l'exil et rentrer à Rome sous la protection
du drapeau français ?

Les ennemis de l'Eglise frémirent de
colère et accusèrent la France de s'être
abaissée et d'avoir porté atteinte à l'honneur de ses armes.

Mais au sein de l'Assemblée une voix
éloquente se fit entendre et prononça ces
mémorables paroles :

« Non, l'honneur de notre drapeau n'a

(¹) *Les exploits de Dieu par les Francs.*
(²) **Ozanam.**

pas été compromis ; non, jamais ce noble drapeau n'a ombragé de ses plis une plus noble entreprise... L'histoire le dira ; j'invoque avec confiance son témoignage et son jugement....

» L'histoire dira que, mille ans après Charlemagne et cinquante ans après Napoléon, mille ans après que Charlemagne eut conquis une gloire immortelle en rétablissant le trône pontifical et cinquante ans après que Napoléon, au comble de sa puissance et de son prestige, eut échoué en essayant de défaire l'œuvre de son prédécesseur, l'histoire dira que la France est restée fidèle à ses traditions, et sourde à d'odieuses provocations....

» Elle dira ce que Pie IX lui-même a dit dans sa lettre d'action de grâces au général Oudinot : « Le triomphe des armes françaises a été remporté sur les ennemis de la société humaine.....

» Savez-vous ce qui ternirait à jamais la gloire du drapeau français ? Ce serait d'opposer ce drapeau à la croix, à la tiare qu'il vient de délivrer; ce serait de transformer les soldats français de protecteurs du Pape en oppresseurs; ce serait d'échanger le rôle et la gloire de Charlemagne contre une pitoyable contrefaçon de Garibaldi. » (¹)

L'illustre orateur qui tenait ce langage, est à peine descendu dans la tombe; l'écho de sa voix retentit encore parmi nous, et le Souverain-Pontife, abandonné au pouvoir de ses ennemis, gémit captif en son propre palais.

Nous avons renoncé au rôle glorieux de défenseurs de la papauté, et comme nation la France n'est plus pour l'Eglise une fille respectueuse et dévouée.

Aussi qu'est-il arrivé? Là où la fortune du premier Bonaparte avait échoué, l'homme de Sedan est venu se briser à son tour, et à l'heure où nos soldats s'éloignaient de la Ville éternelle, l'ennemi pénétrait sur notre territoire et commençait la longue série de nos désastres.

Délivrés de l'empire, nous sommes tombés dans les bras d'un dictateur qui, pour nous sauver, a tendu la main à Garibaldi, l'ennemi juré du pape et de l'Eglise.

______

(¹) Montalembert, séance d'octobre 1850.

Et maintenant ouvrirons-nous les yeux, et comprendrons-nous que la France, en oubliant sa noble destinée, attire sur elle les châtiments du ciel et s'achemine vers sa perte ? Comprendrons-nous que le mépris de Dieu et de son Eglise est la première cause de nos malheurs ?

Oui, la France s'éloigne de Dieu; elle veut vivre sans Dieu, jouir sans Dieu, triompher sans Dieu; aussi son progrès est frappé d'anathème, sa civilisation est stérile, parce que la religion en est bannie.

Cherchez dans les lois qui nous régissent, lisez les nombreuses proclamations qui passent chaque jour sous vos yeux; c'est à peine si vous y trouvez le *mot de Dieu et de Providence.*

Sans doute, nos modernes philosophes ont oublié l'enseignement de leur maître : « Il est absolument nécessaire, disait-il, pour les princes et pour les peuples que l'idée d'un être suprème, créateur, gouverneur, rémunérateur et vengeur, soit profondément gravée dans tous les esprits. » (¹)

( ) Voltaire.

Il faut l'avouer, le sentiment chrétien n'est pas étouffé dans tous les cœurs, et la cause de Dieu et de l'Eglise a trouvé parmi nous de nombreux, d'héroïques défenseurs. Pour s'en convaincre, il suffit de citer le nom de Charette et de ses zouaves.

Mais, au sein de la société, même dans les hommes religieux, il existe une tendance qui porte à séparer l'Eglise de l'Etat, l'ordre naturel de l'ordre surnaturel.

On se laisse égarer par une fausse notion de la liberté, et l'on se persuade aisément que l'Eglise et l'Etat sont faits pour vivre l'une sans l'autre, et que la perfection pour eux est résumée dans cet axiôme: « L'Eglise libre dans l'Etat libre (¹). »

C'est une erreur profonde. L'Eglise et l'Etat travaillent à la même cause, bien que dans une sphère différente, et ils doivent se prêter un mutuel secours.

La France, pour l'expansion de sa vie, a besoin de Dieu et de l'Eglise; elle a aussi besoin d'autorité.

(¹) Axiôme de Cavour.

VI

L'autorité légitime est méconnue

—

DEUXIÈME CAUSE PARTICULIÈRE DE NOS MALHEURS

———

Nous abordons une question brûlante qui, depuis plusieurs années, agite, divise et bouleverse la France.

L'autorité, nous en convenons, est nécessaire, et sans elle toute société devient impossible.

L'autorité est à la société ce que la tête est au corps, la racine à l'arbre, la source au fleuve, le fondement à l'édifice. Tranchez la tête et le corps reste sans mouvement et sans vie; coupez la racine et l'arbre s'incline vers la terre et tombe; tarissez la source et les eaux du fleuve s'écoulent à la mer, et son lit se dessèche; détruisez le fondement et l'édifice s'ébranle et s'écroule avec fracas.

Ainsi, « tout royaume divisé contre lui-» même sera détruit. » (¹)

Et cependant, combien ne veulent admettre aucune autorité ! Ils se persuadent qu'elle est incompatible avec la liberté, ils se jettent dans l'anarchie, et par l'anarchie, ils arrivent au despotisme.

C'est un fait acquis au domaine de l'histoire : depuis 89, la France présente au monde un étrange spectacle. Le souffle de la révolution s'est levé dans son sein ; il a renversé ses constitutions, altéré ses croyances, et amoncelé ruines sur ruines. A l'amour de la patrie a succédé l'égoïsme, au respect de la religion, l'indifférence ou l'impiété ; à l'union, l'esprit de parti ; l'oubli de Dieu nous a conduits au mépris de toute autorité. C'est pourquoi nous avons été précipités de révolutions en révolutions, d'abîmes en abîmes.

Nous avons fait l'essai de tous les régimes, et nous n'avons pu trouver ni la paix,

(¹) S. Luc, XI, 17.

ni la confiance, ni la stabilité, conditions nécessaires au bonheur des nations.

L'Assemblée constituante de 1789 commença cette longue série de malheurs en renversant le passé de la France, pour établir un ordre tout nouveau. Comment renoncer impunément aux siècles de gloire qui s'étendent de Clovis à Charlemagne, de Charlemagne à saint Louis, de saint Louis à Louis XIV ?

A son tour, l'Assemblée législative, par ses vexations envers l'Eglise, par ses méfiances envers le roi, consomma notre perte et jeta la France dans la plus affreuse anarchie. Qui ne connaît la tyrannie sanglante de la Convention, les faiblesses du Directoire, le despotisme de l'empire ?

La Restauration promettait des temps plus heureux. Louis XVIII, en revenant de l'exil, avait prononcé ces paroles de conciliation : « Rappelé par l'amour de notre peuple au trône de nos pères, éclairé par les malheurs de la nation que nous sommes destiné à gouverner, notre première pensée est d'invoquer cette confiance mutuelle

si nécessaire à notre repos et à son bonheur. » (¹)

Mais, hélas ! nos espérances devaient
être de courte durée, et bientôt les journées
de Juillet, la révolution de 48 et l'empire
venaient nous redire que les trônes s'écrou-
lent bien vite, et que les couronnes ne tien-
nent pas sur la tête des monarques dans
un pays où le principe de l'autorité n'est
pas sauvegardé par l'obéissance à Dieu et
à son Eglise.

Et nous qui avons assisté à l'agonie du
second empire, nous, instruits par l'expérience, sommes-nous plus sages, plus unis ?

Les combats qui se livrent chaque jour
sous les murs de Paris; les vols, les assas-
sinats qui se commettent dans la capitale ;
les intrigues des partis, les sourdes menées
des agitateurs, les haines, les ambitions
qui se réveillent, nous disent, au contraire,
que le danger est peut-être plus grand que
jamais.

La lutte est engagée ; les partis sont de-
bout l'arme au bras. Qui doit triompher,
le droit trop longtemps méconnu, la ruse

(¹) Déclaration de Louis XVIII, 3 mai 1814.

perfide, ou la force brutale ? L'avenir nous l'apprendra; en attendant, *espérons* et *agissons*.

Espérons, car les hommes d'ordre et de dévouement sont encore nombreux; la France, malgré ses malheurs, n'est pas stérile, et son sein renferme des trésors inappréciables. Espérons que les hommes égarés reviendront à des idées plus saines et reconnaîtront la nécessité de se soumettre à une autorité paternelle et légitime; espérons que la crise actuelle cessera pour faire place à des jours plus calmes et plus prospères.

Mais agissons avec courage. Il faut l'avouer, autant les fauteurs du trouble et de la révolte ont d'audace et d'activité, autant les partisans de l'ordre aiment le repos et l'inaction. Sans doute, il ne faut pas chercher la lutte, surtout contre des frères, mais il est des circonstances où c'est un droit et même un devoir de se lancer dans l'arène pour combattre. Si le système d'abstention est funeste, l'entente est nécessaire pour le succès de toute entreprise, et diviser ses forces, c'est se préparer un échec certain.

Ici encore que de réflexions nous aurions à faire ; mais notre but serait outrepassé , car nous devons nous borner à des considérations philosophiques et chrétiennes sur les causes de nos malheurs.

Or , après avoir signalé comme l'une de ces causes le mépris de l'autorité , voyons pourquoi cette lutte , cette révolte de toute une nation contre ceux qui la gouvernent.

Le principe du mal se trouve dans la nature du peuple français et dans le vice radical du pouvoir lui-même. Le Français aime et veut la liberté , mais souvent il la confond avec la licence. En ce moment il court après une liberté sans frein , sans limite, et il repousse tout ce qui pourrait lui imposer une contrainte. Entend-il, au fond de sa conscience, la voix du Créateur qui lui dicte ses lois éternelles et immuables ; il se révolte contre lui , et dit dans son cœur : « Il n'est pas de Dieu ; *non est Deus* (¹). » Pour lui, la liberté, c'est le droit d'insulter Dieu sans craindre un juste châtiment.

(¹) Psaume 13, v. 1.

Apprend-il que l'Eglise condamne sa conduite, réprouve ses désordres; il l'accable d'injures et de sarcasmes; il refuse d'obéir à ses préceptes, prêche la liberté de conscience, et n'admet d'autre règle que sa propre volonté. Pour lui, la liberté, c'est la faculté d'agir au gré de ses caprices, et de secouer le joug salutaire de la religion chrétienne.

La loi civile le gêne-t-elle dans l'accomplissement de ses projets, la justice du prince vient-elle suspendre la menace sur sa tête; il s'affranchit de cette dernière entrave, en semant le brandon de la discorde, et en ameutant les sujets contre le souverain. Pour lui, la liberté consiste à tout dire, à tout faire, à insulter Dieu, la famille et la société, sans avoir à redouter le glaive de la justice humaine.

Il se révolte contre l'autorité, parce qu'il ne veut pas de frein aux passions de son cœur; il méprise l'autorité, parce qu'elle s'impose à lui *sans titres légitimes.*

On peut, pour quelque temps, tromper la bonne foi d'un peuple, s'attirer ses suffrages et captiver son admiration; mais peu à peu la lumière se fait, et l'imposture est découverte.

Oui, en général, les peuples ont le sens droit, le jugement sévère, mais équitable. Telle est la nation française, même avec tous ses désordres, toutes ses erreurs, tous ses crimes.

Pour la gouverner, il lui faut une autorité *légitime dans son origine, libérale dans son exercice, stable dans sa durée.* Et cette autorité où la trouvons-nous? Dans la monarchie constitutionnelle et héréditaire...

La royauté nous apporte le prestige des siècles passés, et nous rappelle la gloire de nos ancêtres; sous la royauté, la France était tranquille à l'intérieur, influente à l'extérieur, et si parfois son repos était troublé, bien vite elle rentrait dans l'ordre.

La royauté constitutionnelle répond aux aspirations de notre époque, elle revient aux âges antérieurs sans rompre avec le présent; elle garantit nos libertés et nous préserve du despotisme.

La royauté constitutionnelle, c'est la France libre, la France glorieuse, la France perfectionnée.

La royauté héréditaire nous préserve des révolutions. A la mort des souverains, nos pères, au lieu de prendre les armes pour se disputer les débris du trône, s'écriaient : « Le roi est mort, vive le roi ! »

Cette vérité est élémentaire. La France la comprend, car elle aime la monarchie, et déteste la république. Elle la comprenait, il y a quelques mois, quand elle choisissait pour la députation des hommes attachés à la grande cause de la royauté.

Aussi l'a-t-on dit avec raison : La légitimité, en France, n'est pas un *parti*, c'est un *principe.*

VII

Le patriotisme est affaibli

TROISIÈME CAUSE PARTICULIÈRE DE NOS MALHEURS

La France a oublié ses nobles destinées, c'est pourquoi elle est abandonnée de Dieu; elle méprise l'autorité, c'est pourquoi elle est le théâtre de luttes sanglantes et désastreuses; elle a laissé s'éteindre dans ses enfants la flamme du patriotisme; c'est pourquoi elle ne rencontre plus en eux le même dévouement, ni la même piété filiale.

L'amour de la patrie inspire les grands sacrifices; il éteint l'égoïsme, apaise les convoitises et subjugue les cœurs les plus endurcis (¹).

(¹) Voir au chapitre IV.

« La société humaine demande qu'on aime la terre où l'on habite ensemble; on la regarde comme une mère et une nourrice commune; on s'y attache, et cela unit. C'est ce que les Latins appellent *charitas patrii soli* , l'amour de la patrie , et ils la regardent comme un lien entre les hommes.

» Tout l'amour qu'on a pour soi-même , pour sa famille et pour ses amis, se réunit dans l'amour qu'on a pour sa patrie, où notre bonheur et celui de nos familles et de nos amis est renfermé (¹). »

Les sociétés naissent de la nature même de l'homme , et grandissent sous l'action puissante du patriotisme; elles trouvent le bonheur dans la fraternité , et s'éteignent dans les haines et les fureurs des partis.

Le degré de vie, dans une nation, se mesure au degré du patriotisme.

Or , en France , l'amour de la patrie fait battre encore plus d'un cœur généreux. Nous en avons des exemples frappants. Naguère , dans une de ces villes annexées

______

(¹) Bossuet, *Politique tirée de l'Ecriture.*

par la force des armes au territoire étranger, les habitants recevaient avec enthousiasme les soldats qui venaient de l'exil tous, riches et pauvres, se faisaient un honneur de les servir à table, et au moment de se séparer, ils leur répétaient cette promesse solennelle : « Non, nous ne cesserons jamais d'être Français, et nous élèverons nos enfants dans la haine de l'ennemi. »

Il y avait du patriotisme dans ces pères de famille qui abandonnaient leurs épouses, leurs enfants, leurs richesses, pour aller mourir sur le champ de bataille.

Mais, disons-le, à notre honte, les Français en général n'ont pas pour la patrie, l'amour, ni le dévouement de leurs ancêtres ; et c'est là une des causes de nos malheurs.

Comment aimer son pays, quand on n'aime pas son Dieu ?

Aussi, qu'est-il arrivé ? L'égoïsme est pour un grand nombre le mobile de la vie. On cherche ses avantages personnels au détriment des autres ; on veut pour soi honneurs, richesses, plaisirs, et il n'est pas sans exemple de voir des hommes sacrifier à leur ambition les intérêts de tout un peuple.

Pourquoi ces intrigues contre le pouvoir ? N'est-ce pas pour se saisir de la force et en faire usage contre le faible ? Pourquoi ces attaques violentes contre la propriété ? N'est-ce pas souvent pour justifier le vol et pour donner à une fortune mal acquise les apparences de la légalité ? Pourquoi cette haine du pauvre pour le riche, ce dédain du riche pour le pauvre ? Pourquoi cette scission entre les membres de la grande famille française ? Pourquoi ce malaise qui nous tourmente, et cette convoitise qui allume en nous la flamme de la colère et excite le désir de la vengeance ? Pourquoi sommes-nous mécontents de notre place dans la société, et désirons-nous toujours monter plus haut ? Pourquoi ces sourdes menées au fond des antres ténébreux ? N'est-ce pas à cause de l'égoïsme et de la haine qui en découle ? Nous poussons l'amour de nous-mêmes jusqu'au mépris de Dieu et de nos frères.

C'est pourquoi la société est ébranlée jusque dans ses fondements.

Ces hommes, si préoccupés de leur avenir, ne pensent pas aux maux de la France; ses douleurs ne leur arrachent pas une larme, son deuil ne les empêche pas de se livrer à leurs réjouissances ordinaires.

Qu'il y a loin de leur conduite à celle du vaillant guerrier qui fut le chef de la maison des Machabées ! « Malheur à moi, s'écrie-t-il en voyant sa patrie dévastée; pourquoi suis-je né pour être témoin de la ruine de mon peuple ? Comment demeurer en paix quand la cité sainte est livrée aux mains de ses ennemis ?...

» Ses vieillards et ses enfants sont massacrés au milieu de ses décombres, et sa jeunesse a péri dans la guerre... Comment pourrions-nous vivre plus longtemps (¹). »

Et le Machabée se leva, et, à la tête d'une poignée de braves, il commença la délivrance de sa patrie.

Jérusalem convertie vit luire des jours heureux. Chacun de ses enfants, assis à l'ombre de sa vigne et de son figuier, put goûter les fruits d'une paix longtemps désirée.

(¹) *Livre des Machabées,* c. II.

A l'extérieur, l'ennemi vaincu paya de sa vie sa criminelle entreprise, et à l'intérieur, les lois furent respectées, les divisions cessèrent, et tout Israël n'eut qu'un cœur pour s'aimer.

La France sera-t-elle une nouvelle Jérusalem ? Espérons-le, nous qui avons confiance en Dieu.

CONCLUSION.

—

Dans l'étude que nous venons de faire, nous avons découvert au sein de notre société deux éléments distincts, un élément de vie et un élément de mort.

Le premier représente la France véritable, la France attachée à la religion, à l'ordre, au devoir. Le second représente la France révolutionnaire, la France qui veut détruire l'Eglise, renverser les trônes, abolir les institutions les plus sages et marcher vers un avenir incertain.

L'une domine, et par sa force morale, et par le nombre de ses sujets. Mais trop souvent elle manque d'unité, d'initiative et d'énergie ; elle aime le repos, et, pour éviter la lutte, plus d'une fois elle s'est livrée à des maîtres indignes d'être à sa tête et de la gouverner. Elle a ses gloires, son progrès, ses découvertes ; cependant, elle n'est pas sans défauts, sans préjugés, sans erreurs.

L'autre est plus audacieuse ; elle sait prendre une attitude menaçante, et, pour triompher, elle emploie toutes les armes que lui fournissent ses aveugles passions. Elle veut détruire, sans savoir quel édifice elle élèvera sur les ruines de la patrie. Si un jour elle sort victorieuse de la lutte où elle est engagée, nous devrons renoncer à notre rôle glorieux, et notre nom sera rayé de la liste des nations.

Mais telle ne doit pas être notre destinée. La France, après avoir secoué le joug odieux qu'on voudrait lui imposer, reprendra la place que la Providence lui avait assignée ; elle se mettra pour toujours à l'abri des guerres civiles et assurera sa liberté en revenant aux principes qu'elle a si longtemps méconnus. Sans être *révolutionnaire,* elle évitera la *réaction ;* elle se fera une constitution large, libérale, en rapport avec ses idées, ses intérêts et ses lumières.

« Dieu veuille nous accorder ce bienfait, et alors la France aura ce qu'elle n'a jamais eu, au moins d'une manière durable, un sort proportionné à son esprit, à son courage, à l'immense effusion de son sang » (¹).

(¹) Thiers, *Hist. du Consul. et de l'Emp.,* t. xviii.

TABLE

AVANT-PROPOS...... 5

I. La France d'autrefois............... 7

II. La France d'aujourd'hui................ 14

III. Aperçu général sur les causes de nos malheurs........................... 21

IV. Les causes particulières de nos malheurs.. 27

V. LA FRANCE A OUBLIÉ SES DESTINÉES. — *Première cause particulière de nos malheurs.*........................ 33

VI. L'AUTORITÉ EST MÉCONNUE. — *Deuxième cause particulière de nos malheurs.....* 39

VII. LE PATRIOTISME EST AFFAIBLI. — *Troisième cause particulière de nos malheurs.....* 48

CONCLUSION........................ 54

Nantes, imp. Vincent Forest et Emile Grimaud.